ausgerufenen Jahrtausendfeier. Die Interpretation der **Gründungs-legende** (▶ Abb. Umschlagklappe) aus dem 15. Jahrhundert, in der der sächsische Edelherr Everword eine Lichterscheinung seines Schweine-hirten *Freckyo* bestätigt findet und den Ort im Walde Gott weiht, indem er Kirche und Kloster stiftet, führt Kohl zur Vermutung einer ger-manischen Kultstätte für den Fruchtbarkeitsgott *Frikko*. Diese sei gewaltsam in eine christliche Stätte des Gebets umgewandelt worden, aber der Name lebe in der Ortsbezeichnung weiter und das Gesche-hen werde in der Legende bewahrt. Andere leiten hingegen Frecken-horst von einem Personennamen ab.

Everword, altsächsisch *Eburwart*, zum fränkisch-sächsischen Reichs-adel gehörig, stattete seine Stiftung von 854 mit zwei Dritteln seines bedeutenden Grundbesitzes im Draingau aus und vermachte den südlich der Lippe liegenden übrigen Besitz dem Kloster Fulda, in dem er 863 starb. Seine Ehe mit einer Sächsin namens *Geva* war kinderlos geblieben. Zur ersten Äbtissin in Freckenhorst hatte er seine Nichte *Thiatildis* eingesetzt. Der Bedeutung der historischen Stifterpersönlich-keit entsprechen sowohl die Landschenkungen wie die Translation mehrerer Reliquien in das Kloster durch den münsterschen Bischof *Liutbertus* im Jahre 860. Das von Everword ~~errichtete~~ te Oratori-um, die heutige Petrika~~pelle~~ ~~dem Kloster~~ ~~us~~ unter-stellt, was fränkisches ~~Muster zeigt. Das im~~ ~~9. Jahr-hundert errichtete gro~~ ~~Kloster usur und damit das gesamte Klo~~ ~~is~~ auf den heutigen Tag dem hl. Bo~~nifatius~~

Bischof *Erpho* aus Münster weihte um 1085 eine neue Klosterkirche und ordnete wohl im Zusammenhang mit einer Klosterreform die Rechte der Freckenhorster Dienstmannen und wenig später auch das Präbendenwesen neu. Vom geistlichen Leben künden zwei in das 10. und 11. Jahrhundert zu datierende Handschriften, das nach seiner Auf-traggeberin so benannte »**Evangeliar der Emma**« (▶ Abb. S. 34) und ein wegen seines Prachteinbandes als »**Codex aureus**« bezeichnetes Evangeliar. Die als frühes niederdeutsches Sprachdenkmal berühmte »**Freckenhorster Heberolle**« verzeichnet den ausgedehnten Besitz im östlichen Münsterland und die reichen Einkünfte des Klosters um 1100.

Eine Feuersbrunst zerstörte 1116 weitgehend Kirche, Kloster und Ansiedlung. Der Wiederaufbau der folgenden zwölf Jahre schenkte uns die in wesentlichen Teilen noch heute bestehende Stiftskirche, die nach dem Zeugnis einer lateinischen Inschrift am Taufbecken 1129 vom münsterschen Bischof *Egbert* geweiht wurde. Um 1240 wurde das Kloster der Augustinerregel unterworfen. Die verweltlichten Verhältnisse mit der immer stärkeren Überlagerung des Offiziums durch das Benefizium führten schließlich am 19. Juni 1495 zur Umwandlung des Klosters in ein **freiweltliches Damenstift**.

Die Bewohner der um den Klosterbezirk entwickelten Ansiedlung wurden 1308 erstmals »cives«, Bürger, genannt. Urkundliche Nachrichten aus dem 15. Jahrhundert vermitteln das Bild eines geschlossenen Wohnbezirkes, der einen westlichen Halbbogen um den Stiftsbezirk bildete und als so genannter **Wigbold**, als Ort besonderen Rechts zwischen dörflicher und städtischer Verfassung, 1498 etwa 550 Einwohner zählte, ein organisiertes Schützenwesen, erste Zunftbildungen und das von der Äbtissin beglaubigte Recht auf Abhaltung von jährlich zwei freien Märkten kannte.

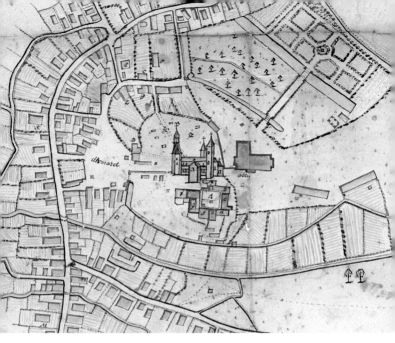

▲ *Detailansicht aus dem »Grundriss des Wigbolds Freckenhorst und der umliegenden Gegend«, um 1804*

Die Äbtissin *Agnes von Limburg-Styrum* öffnete den Konvent um 1535 wiedertäuferischen Tendenzen. Unter ihren Nachfolgerinnen stabilisierte sich die lutherische Partei, ehe mit der Gräfin *Elisabeth von dem Berge* 1605 erstmals wieder eine katholische Äbtissin in Freckenhorst gewählt wurde. Nach der Wahl *Christoph Bernhards von Galen* zum Bischof von Münster kam es unter der Äbtissin *Claudia Seraphia von Wolkenstein-Rodeneck* zur endgültigen **Rekatholisierung** des Stiftes wie des gesamten fürstbischöflichen Territoriums. Sie fand mit der Erhebung der Gebeine der hl. Thiatildis in einer vom Bischof gestifteten Tumba am 3. Mai 1669 in Freckenhorst einen glanzvollen äußeren Abschluss.

Im Zuge der Säkularisation der kirchlichen Güter durch den **Reichsdeputationshauptschluss** von 1803 wurde das Stift Freckenhorst am 13. August 1811 aufgehoben. Dieses Ereignis bedeutete die wichtigste

Zäsur in der Geschichte des Ortes seit seinem Entstehen. Der letzte Stiftsamtmann wurde erster Bürgermeister der bereits seit 1802 als Stadt bezeichneten Gemeinde von 1360 Einwohnern, denen in wechselnden verwaltungsrechtlichen Bindungen die Bewohner der im Kirchspiel Freckenhorst zusammengefassten umliegenden Bauerschaften zugeordnet wurden. Im Verlauf der kommunalen Gebietsreform des Landes Nordrhein-Westfalen verlor die Stadt Freckenhorst mit inzwischen 8200 Einwohnern am 1. Januar 1975 ihre Selbstständigkeit und wurde mit Warendorf zu einer Gemeinde zusammengelegt.

Das Bevölkerungswachstum von rund hundert Prozent zwischen 1939 und 1969 ging einher mit dem größten demographischen, wirtschaftlichen und sozialen Wandel in der gesamten bisherigen Ortsgeschichte. Er wurde ausgelöst durch den Zweiten Weltkrieg, der den Zustrom von Vertriebenen aus den Ostprovinzen des Deutschen Reiches zur Folge hatte, so dass deren Anteil an der Gesamtbevölkerung 1969 über 25% betrug. Parallel dazu verlief einerseits der Rückgang von Betrieben und Beschäftigten in der Landwirtschaft und andererseits das Aufblühen einer mittelständischen Industrie auf der Basis der traditionellen Textilverarbeitung, die wiederum die allgemeine Krise des Textilsektors nur mit einigen Nischenprodukten überstehen konnte.

Heute ist der Stadtbezirk charakterisiert durch mittelständische, verarbeitende Gewerbebetriebe und durch regional beliebte Wohnlagen. Aufragende Mitte und Identifikationszeichen für die Bürger blieb aber die 1811 zur Pfarrkirche gewordene romanische Stiftskirche St. Bonifatius.

Die Stiftskirche St. Bonifatius

Unter den frühromanischen Bauten in Deutschland nimmt die 1129 geweihte fünftürmige Freckenhorster Stiftskirche St. Bonifatius einen herausragenden Platz ein. Zwar lassen sich schon im ersten Jahrhundert nach der Christianisierung in mehreren anderen Orten Westfalens adelige Frauenklöster wie in Freckenhorst nachweisen, doch von den ehemaligen Klosterkirchen Westfalens ist keine so alt und so gut erhalten wie die Freckenhorster, deren Fünftürmigkeit überdies einzigartig ist.

Die äußere Baugestalt und ihre Geschichte

Die kreuzförmige, basilikale Anlage zeigt sich in wesentlichen Teilen in ihrer ursprünglichen Gestalt. Das klar in drei Schiffe gestaffelte **Langhaus** ist durch einfache, rundbogige Fensteröffnungen vollkommen harmonisch gegliedert und wie der übrige Bau in heimischem, unregelmäßig versetztem Bruchsandstein ohne weitere Schmuckelemente aufgeführt.

Den Abschluss nach Westen bildet ein von zwei runden Treppentürmen flankierter, 54 m aufragender, viereckiger **Turm** mit dreifach übereinander angeordneten doppelbögigen Schallöffnungen und einer um 1670 anstelle eines einfachen Pyramidendaches hochgeführten barocken Haube. Er verleiht dem Gesamtbau seinen burgartig-trutzigen Charakter und war wegen des hier bis auf die zurückhaltende Lisenengliederung der seitlichen Rundtürme völlig fehlenden Flächendekors, wie wir es in so reichem Maße an den romanischen Turmanlagen des Rheinlandes finden, Anlass zu seiner Charakterisierung als westfälisch sowie zur volkstümlichen, aber irreführenden Bezeichnung »westfälischer Bauerndom«.

Aus strengen stereometrischen Körperformen entwickeln sich der quadratische Emporenturm mit den zwei zylinderförmigen Treppentürmen im Westen sowie zwei langkantige Chortürme im Osten. Das die schweren Mauerflächen dominierende, unregelmäßig gesetzte Bruchsteinmaterial war allerdings wie das Gewände von Lang- und Querhaus sowie Choranlage bis zur Mitte des 20. Jahrhunderts verputzt.

Dadurch, dass der **Ostabschluss** nicht mehr aus einer einst vorhandenen halbkreisförmigen Apsis, sondern einem hinzugefügten, geraden zweiten Chorjoch besteht und auch die Nebenapsiden an den Querhausarmen eckig ummantelt sind, bildet die Ostpartie eine wie aus verschieden großen Einzelkörpern gestaltete, eigene Architekturgruppe.

Einen durchaus ähnlichen Eindruck wird das bereits um 1000 errichtete **Westwerk** gemacht haben, dessen mittleren Emporenbau eine ergrabene Apsis schmückte. Es gehört durch die ursprünglich doppelgeschossigen Anbauten auf den freien Seiten zur Gruppe der in Westfalen mehrfach nachzuweisenden »Zentral-Westwerke«, deren bedeutendstes Beispiel das karolingische Westwerk der Klosterkirche zu Corvey bildet. Der Freckenhorster Emporenbau war mit im Mauerwerk noch ablesbaren größeren Öffnungen versehen, deutlich niedriger als die begleitenden Seitentürme und mit zwei weiteren, die westlichen Seitenschiffe überhöhenden Emporenräumen durch Rundbögen verbunden.

Der dadurch gebildete **Frauenchor**, ein abgesonderter Chorraum für den Konvent, öffnete sich zum Kirchenschiff hin in zwei Dreierarkaden, die seit der Restaurierung von 1955–62 wieder freigelegt sind und Reste schöner Kapitellplastik zeigen. Spätestens im Jahre 1689 wurde der Frauenchor aufgegeben, als der Beckumer Meister *Stephan Hölscher* einen bis auf die Turmhalle herabführenden eichenen Glockenstuhl errichtete. Seine mächtigen Pfosten und Streben führen frei vom Erdgeschoss durch alle Turmgeschosse zu den zwölf **Glocken**, von denen zwei, von Wappen und Inschriftenbändern geziert, aus den Jahren 1434 und 1533 stammen, während drei 1646 von *Anton Paris* im Auftrag der Äbtissin *Claudia Seraphia von Wolkenstein* gegossen wurden.

Da in der Stiftskirche bisher nicht systematisch gegraben wurde, müssen sich weitere Feststellungen zur **Baugeschichte** auf Einzelbeobachtungen stützen, die nach der umfassenden Restaurierung durch Hans Thümmler zusammengefasst, durch Uwe Lobbedey ausgeweitet und ergänzt sowie durch Werner Ueffing bereichert wurden. Danach wurde im gegenwärtigen Bau ein ins 11. Jahrhundert zurückreichender Kern erkannt. Dessen ältesten Teil bildet die **Krypta** unter dem westlichen Chorjoch.

Zum frühen Kern gehören weiter Baufugen am nördlichen und südlichen Querhausgiebel und an den Querhauswestwänden sowie nach Lobbedey auch die Gewölbe von Querhaus und Chor. Lobbedey erschloss aus den Befunden, zu denen Grablegen des 9. Jahrhunderts unter der gegenwärtigen Kirche sowie an ihrem Westrand und an ihrer Südseite gehören, darüber hinaus die Frühgeschichte der Gesamtanlage mit der erst im 19. Jahrhundert abgerissenen Vituskapelle zwischen Kreuzgang und gegenwärtiger Kirche.

Der Innenraum und sein Gestaltwandel in der Geschichte

Der klaren, harmonischen Außenwirkung der Kirche entspricht ein ebenso klar gegliederter und bei aller Einfachheit bedeutender Innenraum. Haupt- und Seitenschiffe werden von einer ruhigen Abfolge von sechs längsrechteckigen Pfeilern getrennt, zwischen denen sich halbkreisförmige, die Raumteile diskret verbindende Arkaden öffnen. Die Kämpfer begnügen sich mit einfacher Stufengliederung oder Schachbrettmustern. Die auf attischen Basen ohne Eckblätter ruhenden Halbsäulenvorlagen an jedem zweiten Schiffspfeiler lassen den so genannten **sächsischen Stützenwechsel** anklingen. In der **Vierung**, deren Maß 8,22 × 8,22 m das Grundmaß für die übrigen Bauteile der Kirche abgibt, wird das Hauptschiff in seiner vollen Breite von zwei Gewölbegurtbögen in gesteigerter Folge überspannt. Dem Bogen am Ausgang des Hauptschiffes antwortet ein gedoppelter Gurtbogen, der auf Halbsäulen mit Kapitellen ruht, auf deren Schildflächen sich Rankenwerk entfaltet, in das kleine Menschenköpfe eingefügt sind. Die so akzentuierte Überleitung zum hoch liegenden **Chorraum** ist ein architektonisches Zeichen für die liturgische Bedeutung dieses Bauteils. An den Wänden des Chores wiederholt sich das Blendarkadenband des nördlichen Seitenschiffes, dem übrigens auch ein Arkadenband im südlichen Seitenschiff bis zu dessen Niederlegung und Wiederaufbau im 19. Jahrhundert entsprach. Die Arkaden liefen um die ursprüngliche, halbrunde Apsis weiter. Spuren davon sind noch an den eingezogenen Ansätzen zu erkennen, die bei der quadratischen Chorausweitung am Ende des 12. Jahrhunderts zu Wandpfeilern verändert wurden.

Chor, Vierung und Querschiff werden von ziemlich flachen, möglicherweise schon als Teil des Vorgängerbaus von 1085 überkommenen **Kreuzgratgewölben** abgeschlossen. Die Seitenschiffe sind von Längstonnen mit Stichkappen überwölbt. Dass das Langhaus ursprünglich in einen offenen Dachstuhl hinaufwuchs, ist noch am Gewölbeanschnitt der Blendarkaden über dem Mittelschiffbogen zwischen Langhaus und Vierung zu erkennen. Erst 1498 wurden die drei Joche des Langhauses mit einem spätgotischen **Kreuzrippengewölbe** überspannt, von denen das östliche im Schlussstein das Wappen der Auftraggeberin, der Äbtissin *Maria von Tecklenburg*, trägt. Der Einzug des Gewölbes machte

die außen noch erkennbare Erhöhung des Mauerkranzes der Kirche um ca. 1,25 m nötig. Innen wurden dabei die halbrunden Säulenvorlagen so weit hochgeführt, dass sie als Gewölbestützen dienen konnten.

Bei insgesamt sparsamem bauplastischen Schmuck erhält der außerordentlich würdevolle Sakralraum einen ebenso einheitlichen wie schönen Akzent durch den Wechsel von weißgelbem Baumberger Kalksandstein und grünfarbigen Anröchter Werksteinen in den halbrunden Bogenöffnungen von Haupt- und Seitenschiffen, den Halbsäulenvorlagen, an den Gurtbögen und den Blendarkaden. Großen, ruhigen Mauerflächen an Wänden und Gewölben entsprechen ungegliederte, bis auf den Boden führende Vierkantpfeiler und vermitteln das Empfinden unverrückbarer Sicherheit und burghafter Geborgenheit.

Die umfassende **Restaurierung** der Jahre 1955 – 62 stand unter dem denkmalpflegerischen Primat der möglichst weitgehenden Rückgewinnung des mittelalterlichen Raumgefüges und der nachdrücklichen Herausstellung der ursprünglichen Gestaltungselemente. Sie bedeutete – neben dem Ersatz der im Nazarenerstil gestalteten figürlichen Fensterfüllungen durch zurückhaltend von farbigen Glaskristallen gegliederte, das Licht nur brechende Danziger Glasfenster – allerdings auch den Verlust der Ausmalung mit einem groß angelegten, am apostolischen Glaubensbekenntnis orientierten Bildprogramm von 1891 bis 1899. Es hatte nach dem Urteil der Denkmalpfleger um 1960 Gewölbe und Wände so überzogen, dass die sprechende Architektur der Kirche darunter kaschiert erschien.

Das südliche Querhaus und seine Ausstattung

In der Geschichte von Kloster und Kirche hat der südliche Querhausarm eine hohe Bedeutung. Als **Thiatildiskapelle** [1] war er bis 1824 von Haupt- und Seitenschiff durch eine Mauer abgetrennt und mit einer als Fräuleinchor bezeichneten Empore versehen. Sie besaß in ihrem südöstlichen Winkel einen Zugang vom Dormitorium im Ostflügel der Konventgebäude her, dessen Schwelle und oberer Rundbogen noch sichtbar sind. Ein Gang führte weiter zum Hochchor und in das zweite Geschoss des östlichen Vierungsturmes zur so genannten **Äbtissinnenloge** [2], deren moderne Sandsteingitter sich zum Chorraum hin öffnen.

▲ *Thiatildisschrein von Heinrich Ernst, 1669*

Ein Emporenaltar befand sich in einer halbrunden, gewölbten Apsis anstelle der jetzt eingeschossigen Rechtecknische. Deren Boden barg unterhalb des Emporenaltars in ursprünglich ebenfalls halbrunder Apsis das von einer unverzierten Platte gekennzeichnete **Grab der Thiatildis**, der Nichte des Stifterpaares und nach den Gründungsberichten ersten Äbtissin des Klosters. 1609 ließ die Äbtissin *Elisabeth von Berg* die Gebeine der Thiatildis ausgraben und in einer 1 m hohen Tumba neben einem Brunnen bestatten. Dieser besteht bis heute im Querhausarm unter einer modernen Bronzeeinfassung als **Thiatildis-brunnen** [3] fort, dessen Wasser heilende Kraft bei Augenleiden zugeschrieben wird.

Der Bischof und Landesherr *Christoph Bernhard von Galen* erhob am 3. Mai 1669 Thiatildis zur Ehre der Altäre und stiftete aus diesem Anlass einen **Silberschrein** [4]. Er birgt seither die Gebeine der Heiligen und fand, umfasst von einem neuen Bronzegitter, bei der Kirchenrestaurierung 1962 seine Aufstellung auf einer Basaltstele über der ursprünglichen Grablege. Zehn korinthische Säulen tragen ein abgewalmtes Dach und gliedern die Seiten des Schreines, die mit frühbarockem Knorpel- und Ohrmuschelwerk sowie mit dem Stifterwappen und Halbfigurenreliefs der Heiligen Anna, Katharina, Walburgis und Elisabeth geziert sind, ein sprechender Hinweis auf die Charaktereigenschaften der Ortsheiligen und hervorragende Silberarbeiten des Düsseldorfer Meisters *Heinrich Ernst*.

Die Südwand des Querhauses schmückt der **Aufsatz des ehemaligen Hochaltares** [5], ein Werk der späten Renaissance des münsterschen Bildhauers *Wilhelm Spannagel* von 1646. Eine dreigeschossige Säulenfassade in reizvollem Wechselspiel zwischen schwarzem belgischen Marmor, Alabaster und einheimischem Sandstein weist das Werk durch eine Inschrift in der Sockelzone als Stiftung für die 1636 verstorbene Canonesse *Maria von Plettenberg zu Nehlen* aus. Durch sechs korinthische Säulen gegliedert, wird die Mitte von einem Flachrelief mit einer meisterlich durchkomponierten Szene der Geburt Christi und von den vollplastischen Nischenfiguren des hl. Bonifatius und des hl. Willibrordus eingenommen. Darüber entfaltet sich auf mehrfach gekröpfter Gebälkzone unter einem Dreiecksgiebel mit dem Wappen der Stifterin eine Verkündigungsszene. Sie ist von zwei Voluten mit Cherubinen sowie von den Figuren der Apostelfürsten Petrus und Paulus flankiert. Die Westwand des Querhauses ziert ein **barockes Gemälde** [6] von 1758 mit der Darstellung des Kirchenpatrons in pontifikalem Gewand und sprechenden Hinweisen auf sein Martyrium.

Relief am Aufsatz des ehemaligen Hauptaltars mit Darstellung der Geburt Christi ▶

Marienklage und Heiliges Kreuz

Beim Ausgang der Krypta in das nördliche Querschiff blicken wir in der Nebenapsis auf das bedeutendste gotische Bildwerk der Kirche, eine 81 cm hohe steinerne **Marienklage** [7] des *Meisters von Osnabrück* von etwa 1520. Sie gehört zu dem im Frömmigkeitsleben des ausgehenden Mittelalters so bedeutsam gewordenen Typus des Pietà-Andachtsbildes, das die persönliche Versenkung des leidgeprüften Ich in das Leiden Christi und seiner Mutter als befreiend und erlösend fördern sollte.

▲ *Marienklage des Meisters von Osnabrück, um 1520*

In strenger formaler Dreiecksbegrenzung sitzt die trauernde Mutter auf einem felsigen Erdhügel und hält den in edler plastischer Gestaltung auf ihrem Schoß ruhenden toten Sohn. Sowohl erlesene Qualität als auch tief anrührende Wirkung kennzeichnen das Werk.

Zu den gotischen Ausstattungsstücken der Kirche gehören auch drei **Tabernakeltürme** [8] von etwa 1500. Einer, neben dem nördlichen Chorbogenpfeiler platziert, erhebt sich frei über einem vertikal gegliederten Sockel, auf dem ein Tabernakelschrank mit allseitiger Kielbogenbekrönung ruht. Er ist mit einem von vier Eckstreben begleiteten, eleganten Baldachinturm überhöht. Hinter dem Schrankgitter leuchtet als kostbarstes Heiltum der Kirche das **Heilige Kreuz** [9] auf, dem mehrere Votivgaben hinterlegt sind.

Der Volksglaube verbindet die Verehrung eines Kreuzes in Freckenhorst bereits mit der ersten Äbtissin des Klosters. Für das 11. Jahrhundert ist sie belegt, im 13. und 14. Jahrhundert begegnet uns die Kirche sogar als »ecclesia sanctae crucis«. Als Grund häufiger Wallfahrten wird eine Kreuzreliquie in einem Ablassbrief des Jahres 1312 ausdrücklich erwähnt, und 1350 kommt es zur Gründung einer Heilig-Kreuz-Bruderschaft durch die Äbtissin *Katharina von Frankenstein*. Allerdings führt die evangelische Gesinnung des Konventes 1556 nicht nur zur Aufgabe der Prozession am Feste Kreuzauffindung, sondern

Tabernakel und Heiliges Kreuz ▶

▲ *Heiliges Kreuz*

auch zum Verlust der Kreuzreliquie. Erst nach Abschluss der Gegenreformation im Hochstift Münster wird 1672 eine Reliquientracht mit einer Prozession zum Kreuzfest wieder eingeführt und gewinnt mit der Wiederbeschaffung einer Kreuzpartikel aus Rom im Jahre 1743 als Krüßingfest am ersten Maisonntag seine bis heute fortdauernde, zentrale Bedeutung im örtlichen Ablauf des Kirchenjahres.

Diese Kreuzpartikel ist in einem Bergkristall geborgen. Sie ist die ovale Mitte eines mit Silber beschlagenen, von Gitterwerkschmuck gezierten Doppelvoluten-Sockels, der wiederum ein silberummanteltes Steinkreuz mit Edelsteinimitationen trägt, eine barocke Arbeit des Warendorfer Meisters *Joseph Hartmann*.

Die Krypta

Unter dem Chorraum befindet sich eine durch die Sockelgeschosse der östlichen Vierungstürme zugängliche Krypta. Über ihrem südöstlichen Eingang erinnert eine polychrome Figur **Christus als Salvator mundi** [**10**] an einen verschwundenen barocken Altar von 1730, dessen Bekrönung sie einst bildete. Die Krypta ist eine dreischiffige, den gesamten

▲ *Krypta*

▲ *Lebensbaumfenster in der Krypta*

Chor unterfangende Halle und wurde wie der Chor in zwei Bauab-
schnitten errichtet, einem westlichen und einem etwas schmaleren östlichen. Ersterer, von Tonnengewölben mit Stichkappen abgeschlossen,
gehört noch zur Kirchenanlage des 11. Jahrhunderts, während der von
Kreuzgratgewölben überspannte östliche Teil mit der Chorausweitung
am Ende des 12. Jahrhunderts entstanden ist. An der Grenze zwischen
beiden bilden kreuzförmige Pfeiler die Gewölbestützen.

Nur noch zwei der **Würfelknaufsäulen** mit attischen Basen und Eck-
knollen sind alt, die anderen stammen aus der Restaurierung von
1850, mit der die zweckentfremdete Krypta wieder als Sakralraum
zurückgewonnen wurde. Wie die Wandpfeiler zeigen, hat man dabei
allerdings den älteren Teil fälschlicherweise mit zu hohen Säulen aus-
gestattet, so dass die Gewölbeanfänge verkürzt werden mussten.
Gleichwohl bildet die Krypta insbesondere nach der neuerlichen
Restaurierung von 1957–62 ein beeindruckendes Raumgefüge. Ihre
Wirkung wird durch die **Fenster** wesentlich vertieft, die in moderner
Gestaltung das Kreuz als Lebensbaum zeigen und sich damit in die Tra-
dition der Freckenhorster Kreuzverehrung einfügen.

Von hoher kunstgeschichtlicher Bedeutung ist eine **Grabplatte** mit einer vollplastischen, weiblichen Gestalt, die die rekonstruierte Mittelnische der Westwand füllt. Sie wurde um 1200 geschaffen. Der als liegend empfundene Körper, dessen Kopf auf einem Kissen ruht, ist von einem zart geriefelten, von einem Gürtel gerafften Gewand in klassischer Linienführung so umhüllt, dass wir in ihm jenen Wendepunkt der mittelalterlichen Kunst erkennen, an dem die bisherige strenge Stilisierung zu einer neuen, naturalistischen Formgebung findet. Trotz einiger Beschädigungen an der Platte können die vier leoninischen Hexameter der rahmenden lateinischen Inschrift weitgehend gelesen werden. In ihnen wird die Tote als »GEVA … FUNDATRIX HUIUS TEMPLI« bezeichnet, als **Geva**, die Gründerin dieser Kirche. Kontrovers verlaufen bisher die Untersuchungen, ob damit die Gemahlin des Klosterstifters Everword oder eine Äbtissin gleichen Namens als Erbauerin der gegenwärtigen Stiftskirche gemeint ist. Bedeutsam als ältestes in Stein gemeißeltes

▲ *Grabplatte der Geva, Anfang 13. Jahrhundert*

Schriftdokument in mittelniederdeutscher Sprache ist auch der In-schriftenrest am Vorderrand der Platte »AI GOT MINNE GERBODEN DE DIT BILETHE SCOP ALLE DELE«, in dem der Schöpfer des Bildwerkes seinen Namen Gerbod nennt und sich der Liebe Gottes anempfiehlt.

Weitere Kunst- und Andachtsgegenstände

Arbeiten des Augsburger Meisters *Caspar Xaver Stippeldey* von 1791/93 sind die 85 cm hohen, aus Silber getriebenen Großfiguren an den östlichen Vierungspfeilern, eine **Maria Immaculata** [11] im Strah-lenkranz und ein **hl. Joseph** [12] im Wolkenband. Bedeutend schon wegen ihrer Seltenheit im nordwestlichen Deutschland, weisen sie im ausgewogenen Faltenspiel der Gewänder und in der edlen Verinner-lichung von Gebärden und Antlitz auf den Klassizismus voraus. Mit ihnen schließt sich der Kreis der frommen Stiftungen der Kloster- und Stiftszeit, die im Gefolge der Säkularisation im Jahre 1811 endet.

Die Ostseite des Chores schmücken zwei flach an die Wand gebaute **Tabernakeltürme** [8], an denen sich vier Sandsteinstatuetten aus der Zeit um 1500 erhalten haben. Sie steigen mit ihren Kielbögen und gotischem Maßwerk bis zum Gewölbe auf. Die Raummitte nimmt ein in Zinnguss gefertigter, siebenarmiger **Standleuchter** [13] von 1,55 m Höhe mit zugespitzter Ringzier ein, der wohl eine Arbeit des 15. Jahr-hunderts ist.

Das **Epitaph** [14] an der Nordwand des Chores für die Äbtissin *Gertrud von Korff-Sutthausen* ist ein reifes Werk des Hochbarock. Das Bildmotiv des betenden Christus am Ölberg steht im Zusammenhang mit der 1694 von der Äbtissin gegründeten Todesangst-Christi-Bruderschaft.

Bemerkenswert sind schließlich aus der ergänzenden Ausstattung von 1962 durch *Heinz Gerhard Bücker* das vom Chor grüßende **Triumph-kreuz** [15] mit silbernem Corpus Christi sowie die bronzenen **Kreuz-wegtafeln** [16] im nördlichen Seitenschiff mit ihrer streng stilisierten, klaren Formensprache. Bücker schuf auch für eine liturgische Neukon-zeption 2005 den **Ambo** [17] und die in die Mitte der Vierung gesetzte **Mensa** [18] aus leuchtend weißem Namibiamarmor. Er legte in den Mensablock ein Alabasterkreuz, dessen sichtbare Kreuzbalkenenden in vier figürlichen Reliefs auf das eucharistische Opfer Bezug nehmen.

▲ *Chorraum mit Tabernakel, Triumphkreuz und Standleuchter*

Am vierten Pfeiler des Seitenschiffes begegnet uns das **Sandstein-epitaph** [19] des bis zum Ende der Stiftszeit bedeutendsten Stiftsamt-mannes *Johann Cimont* († 1678) und mehrerer Familienmitglieder mit reich verziertem Familienwappen aus Bronze. Die gegenüber an der Außenwand des südlichen Seitenschiffs angebrachte polychrome barocke **Relieftafel [20]** mit dem Patron der Gold- und Hufschmiede, dem hl. Eligius, in dreifacher Raum- und Figurenstaffelung nennt in einer lateinischen Bildunterschrift den Bischof von Noyon den Patron der Geldbedürftigen – pecuniae indigentium –, was Anlass gab, die Herkunft der Tafel französischen Geistlichen dieses Bistums zuzuschreiben, die 1792 als Revolutionsflüchtlinge Aufnahme im Stift Freckenhorst fanden.

Der Raum am Ende des südlichen Seitenschiffes ist zu einer besonders beeindruckenden **Erinnerungskapelle für die Kriegstoten** der Gemeinde ausgestaltet worden. Ihr Zentrum bildet ein barockes **Gabelkreuz [21]** mit lebensgroßem Korpus, ein Werk des münsterischen Bildhauers *Johann Wilhelm Gröninger* vom Beginn des 18. Jahrhunderts. Es stand früher als »Weißes Kreuz« am Wege zwischen Freckenhorst und Warendorf. Dadurch dass der Kreuzesstamm sich über einem Schädel erhebt, der den Tod Adams versinnbildlicht, verweist er auf die Erlösung von Sünde und Tod durch den als zweiten Adam gesehenen Christus.

Taufstein und Taufkapelle

Den Raum am Ende des nördlichen Seitenschiffes nimmt der **Freckenhorster Taufstein [22]** ein, das kunsthistorisch bedeutendste steinerne Taufbecken Deutschlands aus der ersten Hälfte des 12. Jahrhunderts. Es erhebt sich auf einem attischen Profil in Form einer 1,25 m hohen Säulentrommel. Ein auf die Kirchweihe vom 4. Juni 1129 durch Bischof *Egbert von Münster* bezogenes lateinisches Inschriftenband trennt zwei Reliefzonen, während ein romanischer Blattfries unter fünffach geriefeltem Band ornamentierend den oberen Abschluss bildet. Ikonographisches Thema ist die Erlösung von Tod und Sünde durch die Taufgnade. Sechs Löwen der unteren Zone, in denen das in Bann geschlagene Böse anschaulich wird, tragen widerwillig die Hauptzone mit den bildnerischen Darstellungen der christlichen Heilsgeschichte. Zwischen den Löwen in einer Achse mit dem Anfang des Schriftbandes und der Taufszene Christi im oberen Bildfeld schaut ein Menschenkopf hervor, wohl Daniel in der Löwengrube als Hinweis auf die Heilsgewissheit für den Glaubenden.

▲ Romanischer Taufstein, 1129

▲ *Verkündigung, Detail aus dem Taufstein*

In symbolischer Siebenzahl veranschaulichen in der oberen Zone Flachreliefs, von Säulchen getrennt und ornamentierten Arkadenbögen überwölbt, das durch die Taufe zugängliche Heil. Der unbekannte Meister stellt in völliger Konzentration auf die wesentlichen Motive folgende Szenen dar: Die Verkündigung der Geburt Jesu durch den Engel Gabriel an Maria, die Geburt des Herrn, seine Taufe im Jordan als Anspielung auf das hier zu empfangende Taufsakrament, den Kreuzestod, die Auferstehung und den Höllenabstieg Christi in einer Doppelszene, die Himmelfahrt Christi unter der Zeugenschaft der zwölf Apostel sowie die Wiederkunft Christi im Weltgericht.

Wenngleich die Bildgegenstände unmittelbar erfasst werden können, führen sie in bedeutende theologische Dimensionen. So liegt das Kind in der Geburtsszene in einem befensterten Kirchenschiff. Der

▲ *Herabkunft des Heiligen Geistes,*
Bildtafel aus dem Warendorfer Flügelaltar

durch Nimbus und Siegeszepter charakterisierte auferstandene Christus führt aus einem vordem vom Satan bewachten und geschlossenen Turm die Menschheit in Gestalt von Adam und Eva aus der Gefangenschaft des Todes. Das Weltgericht ist schließlich eine Veranschaulichung der Geheimen Offenbarung des Johannes.

Nicht zur ursprünglichen Ausstattung der Kirche gehören drei Tafeln vom so genannten **Warendorfer Flügelaltar** [23] eines unbekannten Meisters aus dem Umkreis des Konrad von Soest. Nur noch der Mittelteil des Triptychonaltares mit der Kreuzigungsszene befindet sich in der Warendorfer Pfarrkirche St. Laurentius. Die Freckenhorster Tafeln mit der dramatischen Szene des Verrats und der Gefangennahme Christi, einer Geißelung Christi und einer Innenraumszene mit der Herabkunft des Hl. Geistes und der die Apostelgruppen dominierenden Mittelpunktsfigur der Gottesmutter wurden vom kunstsinnigen und für die Bestandssicherung der Stiftskirche im 19. Jahrhundert verdienstvollen Dechanten *Joh. Hermann Schulte* (1840–59) nach hier gebracht. Die Tafeln schmücken das Gewände der Taufkapelle, zu deren weiterem Wandschmuck auch die bronzenen Wappenschilde von Grabplatten verschiedener Äbtissinnen aus westfälischen Adelsgeschlechtern sowie ein polychromer, eichener Kruzifixus von etwa 1680 zählen.

Nordausgang und Portale

Zwei lebensgroße **Holzfiguren der Heiligen Bonifatius und Willibrordus**, um etwa 1700 von dem münsterischen Meister *Johann Wilhelm Gröninger* geschaffen, fanden 2002 eine Aufstellung in den Kryptaabgängen, während die polychrome steinerne **Marienklage** [24] mit dem außerordentlich kraftvoll durchformten Christuskorpus vom gleichen Meister im Nordeingang der Stiftskirche, dem »Kreuzhäuschen« genannten ehemaligen Aufbewahrungsort des Hl. Kreuzes, den Besucher entlässt.

Schon mehrfach erwähnt wurde die **ergänzende Ausstattung** der Stiftskirche im Zusammenhang mit der Restaurierung von 1955–62 aus einer einzigen geistigen Konzeption heraus durch den Vellerner Künstler *Heinz Gerhard Bücker*. Von Bücker wurden auch die drei **Bron-**

zeportale der Kirche geschaffen, die wichtige heils- und kirchenge-
schichtliche Motive aufnehmen. Thema des monumentalen **Haupt-
eingangs** [25] ist die Apokalypse des Johannes. Das **Südportal** [26]
greift die Gründungsgeschichte von Kloster und Kirche in den Halb-
relieffiguren der Stifter Everword, Geva und der von sieben Bergkristal-
len umstrahlten ersten Äbtissin, der Ortsheiligen Thiatildis, auf, während das **Nordportal** [27] auf den seit dem Sündenfall des ersten
Menschenpaares verhangenen Himmel hinweist. So wird der Besucher
in zeitgenössischer Formensprache auf die biblische Botschaft von der
Erlösungsbedürftigkeit des Menschen und christlicher Heilsgewissheit
beim Eintritt in eine Kirche verwiesen, in der diese Botschaft seit über
875 Jahren in der Eucharistie gefeiert wird und in ihrem Raumgefüge
Gestalt gewonnen hat.

▲ *Südportal von Heinz Gerhard Bücker, 1962*

Stiftsfreiheit und ehemalige Abtei

Die Reste des spätromanischen, auf Doppelsäulen mit teilweise originaler Kapitellplastik ruhenden Kreuzgangs südlich der Kirche, die erhaltene, barocke **Stiftskurie** im Südwesten mit schönem Mittelrisalit über einer doppelläufigen Treppe und der Kranz der die Kirche westlich und nördlich auf alten Grundrissen in einem weiten Bogen umstehenden Bauten vermitteln noch die Vorstellung von einem früher abgeschlossenen geistlichen Bezirk besonderer Ordnung gegenüber den Wohnquartieren der Händler und Handwerker beim westlich vorgelagerten Markt. Auf dem West- und Nordflügel der Rundbogenarkaden des **Kreuzganges** vom Anfang des 13. Jahrhunderts ruhen heute moderne Gebäude eines Pfarrheimes. Die 1 m hohen Doppelsäulen sind zu je drei Bögen zusammengefasst und von einem Blendbogen überspannt, der von mächtigen, rechteckigen Pfeilern ausgeht.

Im Häuserbogen nördlich der Stiftskirche befindet sich eine weitere, in Ankersplinten mit 1788 datierte ehemalige **Kurie**. Sofort anschließend bildet den nördlichen Abschluss der Stiftsfreiheit ein zweigeschossiger **Fachwerkbau** mit vorkragendem Obergeschoss und spitzbogenartiger Gliederung an einer Traufenseite. Der Kernbau des 16. Jahrhunderts wurde 1779 verändert und im 19. Jahrhundert Pförtnerhaus des östlich der Kirche gelegenen Schlosses.

Eine Steinpforte mit von zwei Löwen begleitetem Muschelgiebel von 1567 führt zum **Schloss**, dem als Sitz der Äbtissin errichteten letzten Großbau der Stiftszeit aus dem Jahre 1749. Der zweigeschossige, verputzte Bruchsteinbau auf hohem Sockel mit zwei rückwärtigen Flügeln und südlicher Schauseite wurde vom Paderborner Hofarchitekten *Franz Christoph Nagel* für die Äbtissin Clara Franziska von Westerholt-Lembeck errichtet. An der Südseite führt eine geschwungene Flügeltreppe zum rundbogigen Mittelportal in einem breiten, übergiebelten und balkongeschmückten Mittelrisaliten, der im Giebelwinkel das schön skulptierte Wappen der Erbauerin trägt. Zum Schlossbereich gehört auch das sich nach Osten anschließende eingeschossige, verputzte **Brauhaus** von 1777 mit Krüppelwalmdach, dreiachsiger Giebelseite sowie einem in die Wand eingelassenen schönen Madonnenrelief.

▲ *Stiftskirche und ehemaliges Äbtissinengebäude von Südosten*

Die Stiftskammer in der Petrikapelle

Die westlich der Kirche Markt und Stiftsplatz verbindende einschiffige **Petrikapelle** auf Fundamentresten des 10. Jahrhunderts gilt in der Ortstradition als ältester Freckenhorster Kirchenbau und ist eng mit der Gründungslegende um den Sachsen Everword verbunden. Der heute rechteckige Raum von 16 × 7,5 m Grundfläche wurde im 19. Jahrhundert profaniert und im 20. Jahrhundert kurzzeitig wieder liturgisch genutzt. Seine äußere Gestalt dankt er einer historisierenden Restaurierung von 1889.

Aus Anlass des 1150-jährigen Stifts- und Ortsjubiläums 2001 entschloss sich die Gemeinde, in der Petrikapelle eine **Stiftskammer** zur Exposition wichtiger Teile des reichen Kirchenschatzes zu schaffen. Deren Planung und inhaltliche Konzeption wurde der Kölner Innenarchitektin *Ingrid Bussenius* anvertraut. Sie lässt in den Vitrinen an den Längsseiten des Raumes die einzelnen Gegenstände bei indirekter Beleuchtung wirken. Vom so genannten Hungertuch, dem größten Exponat an der Westwand, schafft sie über einen zentralen Vitrinenkubus eine Mittelachse zu einer Vitrine an der Apsiswand mit der silbernen **Reliquienbüste des Kirchenpatrons Bonifatius** von 1692, einer der wenigen großen Silberplastiken Westfalens (▶Abb. Umschlagrückseite).

Zu den herausragenden Kostbarkeiten zählen neben dem früher hochverehrten, silberbeschlagenen **Holzstab des hl. Bonifatius** aus dem 11. Jahrhundert zwei bronzene **romanische Türklopfer** mit Löwenköpfen vom Portal des Vorgängerbaus der heutigen Stiftskirche zu Beginn des 12. Jahrhunderts. In der Übersetzung lauten ihre lateinischen Inschriften: »Jesus Christus, König der Könige, lasse das gläubige Volk, das zum Gebet diese Pforten durchschreitet, in den Himmel eingehen. Bernhardus hat mich gemacht«. Mit der Namensnennung können wir den ersten mittelalterlichen Bronzegießer Westfalens identifizieren.

Unter den Paramenten ragt das jahrhundertelang als Altarvelum in der Fastenzeit benutzte, 4,9 × 3,2 m große **Hungertuch** von 1628 hervor. Gerahmt von weißen Leinenstreifen zeigt es in Filetstickerei ein zentrales Bildfeld mit der Kreuzigung Christi, das von vierzehn Bilddarstellungen aus der Passion Christi umgeben ist. In die Kreuzungsstellen der Leinenstreifen sind die gestickten Wappen der sechzehn adeligen Kanonissen des Jahres 1628 eingefügt.

Aus dem historischen Schatz an Messgewändern ist eine **Kasel** mit erlesener Blumenstickerei des Rokoko aus dem 3. Viertel des 18. Jahrhunderts zu sehen.

Als älteste erhaltene **Goldschmiedearbeit** ist ein Kelch des 14. Jahrhunderts exponiert. Ihm sind wertvolle Gold- und Silberschmiedearbeiten aus Warendorfer, Münsteraner, Düsseldorfer und Kölner Meisterwerkstätten angefügt, so eine spätgotische Kölner Turmmonstranz,

▲ *Romanischer Türklopfer mit Löwenkopf, Anfang 12. Jahrhundert*

eine barocke Retabelmonstranz von 1681 und ein reich verziertes Ziborium von 1695. Zu den bedeutenden **Silberarbeiten** gehören eine Ewig-Licht-Ampel und zwei Altarleuchter, die wie der Thiatildisschrein in der Kirche von Fürstbischof Christoph Bernhard von Galen gestiftet wurden. – Schließlich fängt als eine der prächtigsten Schenkungen ein 123 cm hohes, silbernes **Standkreuz** mit vier von sechs 67,5 und 75 cm hohen Leuchtern den Blick.

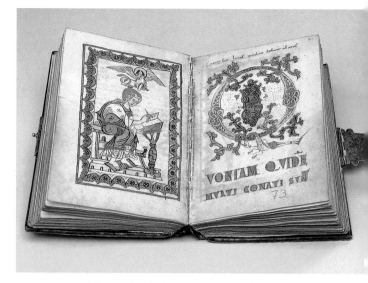

▲ *Evangeliar der Emma, spätes 10. Jahrhundert*

Neben liturgischen Geräten und Reliquiaren gehörten vor allem **Bücher** zu den kostbaren Schätzen des Stiftes. Zwei davon begegnen dem Betrachter: das in die ottonisch-frühsalische Zeit des 10. Jahrhunderts zu datierende **Evangeliar der Emma** und eine Handschrift aus der Fraterherrenwerkstatt in Münster um 1530, das nach der Freckenhorster Auftraggeberin so benannte **Graduale der Oitberga von Langen**. – Einbezogen in die Reihe der Exponate ist schließlich noch ein kleines **Lapidarium** mit Relikten aus den Vorgängerbauten der heutigen Kirche.

So veranschaulicht die Stiftskammer Aspekte des religiösen Lebens und seiner Wandlungen durch Objekte sakraler Kunst aus der fast 1000-jährigen Geschichte einer klösterlichen und später stiftischen Niederlassung. Sie tut dies im Schatten einer Kirche, die neben St. Patrokli in Soest der bedeutendste romanische Kirchenbau Westfalens ist und deren fünf aufragende Türme in einer für Westfalen einzigartigen Weise Beter und Besucher begrüßen.